György Dalos

Zerfall der Sowjetunion

**Deutsche Bearbeitung
von Elsbeth Zylla**

Inhaltsverzeichnis

Ein Blick aus dem Weltraum

Der Astronaut Sergej Krikaljow wird mitunter als „der letzte Sowjetbürger" bezeichnet. Am 18. Mai 1991 startete er vom Kosmodrom Baikonur in der Kasachischen Sowjetrepublik mit dem Raumschiff „Sojus 12". Sein Ziel war die Raumstation „Mir", wo er sich andockte, um das dortige Personal abzulösen. Er kehrte erst nach 311 Tagen, am 25. März 1992, auf die Erde zurück. Ein solch langer Aufenthalt war

Kosmonaut Sergej Krikaljow.

ursprünglich nicht vorgesehen, aber der wirtschaftlich und politisch bankrotte Sowjetstaat war nicht imstande gewesen, schon früher eine Landung finanziell und organisatorisch zu gewährleisten, und die „Mir" durfte nicht unversorgt gelassen werden. Der 33-jährige Sergej Krikaljow übernahm die gesundheitlich riskante Aufgabe, an Bord auszuharren, bis er die Genehmigung erhielt, in der Raumkapsel „Raduga" den Rückflug anzutreten. Er machte weiter seine Arbeit, ernährte sich mit Astrofood aus der Tube und hielt Funkkontakt mit der Erdstation. Unten in Leningrad warteten seine junge

Ehefrau Jelena und die zum Zeitpunkt seines Starts in den Kosmos neun Monate alte Tochter Olga. Allerdings kehrte er zwar in die Kasachische Republik zurück, aber nicht in die UdSSR. Er war nun Bürger der Russischen Föderation. Seine Geburtsstadt hieß nicht mehr Leningrad, sondern wieder St. Petersburg. Man könnte sagen, dass er sich mit einem Umweg über den Weltraum von einer historischen Epoche in eine andere katapultiert hatte.

Die im Dezember 1922 gegründete „Union der Sozialistischen Sowjetrepubliken" umfasste ein Territorium von 21,3 Millionen km² und verfügte über 136 Millionen Einwohner. Nach der Einverleibung Bessarabiens und den baltischen Republiken (1940) sowie der Besetzung „westukrainischer" und „westbelarussischer" Gebiete erreichte sie ihre höchste Ausdehnung (22,4 Millionen km²) und war laut der Volkszählung 1989 mit 290 Millionen Einwohnern das drittgrößte Land der Welt. Formal bildete die UdSSR eine Föderation, bestehend aus 15 Unionsrepubliken mit je eigenen Fahnen, Staatswappen und Hymnen. Die Ukraine und Belarus galten sogar als Gründungsmitglieder der UNO. Innerhalb der einzelnen Teilstaaten gab es für Minderheiten Autonome Republiken, Gebiete und Kreise. Das Land wurde von mehr als 100 Ethnien bewohnt, unter ihnen waren einige praktisch im Verschwinden begriffen. Bei aller Vielfalt galt die SU als Einheitsstaat mit überall praktiziertem diktatorischem politischem System, einheitlichem Wirtschaftsraum und einer gemeinsamen Währung, dem Rubel. Russisch war überall erste Amtssprache. In einigen Republiken (Moldau, Länder in Zentralasien) war auch für muttersprachliche Texte das kyrillische Alphabet vorgeschrieben. Im offiziellen Umgang wurden überall Vor- und Vatersnamen nach russischer Norm eingeführt, was zu bizarren Kombinationen führte. So musste der kasachische KP-Chef Kunajew mit „Dinmuchamed Achmedowitsch", der lettische Apparatschik Voss mit „Avgust Eduardowitsch" und der armenische Premier Demirtschjan mit „Karen Serobowitsch" angesprochen werden.

Die Sowjetunion 1974.

Als Siegermacht im Zweiten Weltkrieg stieg die Sowjetunion mit ihrem nuklearen und ökonomischen Potenzial zum gleichrangigen Rivalen der USA auf. Ihr gelang es, das eigene Modell der „proletarischen Diktatur" auf vierzehn verbündete Staaten auszuweiten, von der DDR bis China, und in Europa sogar das Militärbündnis „Warschauer Vertrag" als Gegenpol der NATO zu begründen. Obwohl diese Hegemonie durch zyklische Krisen (Ungarn 1956, ČSSR 1968, Polen 1980) nach und nach geschwächt und auch die Kontrolle über die kommunistische Weltbewegung immer lascher wurde, behielt der Sowjetstaat seine starke Position und sein internationales Prestige – letzteres war nicht zuletzt den spektakulären, mit Juri Gagarin eingeleiteten Weltraumfahrten zu verdanken. Allerdings erlebte die ehemalige Supermacht zu der Zeit als Sergej Krikaljow, der sowjetische Astronaut Nr. 66, die Erdatmosphäre verließ, historisch gesehen ihre letzten Stunden.

Alamy/ZUMA Press, Inc./Arnold Drapkin D97MM2

Moskau, 6. November 1991, Schlange vor einem Geschäft für Milch und Milchprodukte.

IMAGO / Russian Look 0063058974

1. Dezember 1991: Der russische Präsident Boris Jelzin vor dem Leningrader Stadtrat auf dem Isaaksplatz. Vors. der Gemeinschaft Unabhängiger Staaten (GUS) Yuri Yarov (links), Vors. des Ausschusses für auswärtige Beziehungen St. Petersburgs, Bürgermeister Wladimir Putin (hinten links), Bürgermeister von St. Petersburg Anatoli Sobtschak (links neben Jelzin), der russische Präsident Boris Jelzin (Mitte).

Status quo 1991

Im siebenten Jahr von Michail Gorbatschows Perestroika geriet der Staatshaushalt endgültig an den Bettelstab. Die Auslandsverschuldung der Sowjetunion war von 20 Milliarden Dollar im Jahr 1985 auf mehr als 100 Milliarden im Jahr 1990 angewachsen. Die durch ausgebliebene Reformen und innere Kämpfe zerrüttete Ökonomie war nicht mehr geeignet, westliche Kreditgeber anzuziehen, und der Niedergang der Produktion ließ sich fortlaufend an der katastrophalen Versorgungslage ablesen. Kurz nach der deutschen Wiedervereinigung gewährte die dankbare Bundesrepublik eine großzügige Lebensmittel- und Medikamentenhilfe: Acht Millionen komplette Tagesrationen der Bundeswehr wurden für die noch in der ehemaligen DDR stationierten Sowjetsoldaten und deren Familien geliefert. Der Inhalt der Pakete bestand aus Dosenbrot, Hartkeksen, Streichkäse, Konfitüre, Bitterschokolade, Kaugummi, Tee- und Kaffeeextrakt, Zucker, Speisesalz, Streichhölzern und Toilettenpapier – eine ziemlich exakte Beschreibung der alltäglichen russischen Mangelwirtschaft.

Vor allem die Metropolen Moskau und Leningrad (ab September 1991 wieder St. Petersburg) füllten sich allmählich mit Flüchtlingen aus Kriegs- und Elendsgebieten der Union. Die massenhafte Verarmung konnte nicht mehr im Verborgenen bleiben. Auf den Straßen der Großstädte tauchten mehr und mehr Obdachlose auf, im Amtssowjetisch als „Personen mit unbestimmtem Wohnsitz" bezeichnet. Zur gleichen Zeit gab es erstmalig sichtbare Straßenprostitution, während zuvor dieses Gewerbe ein verheimlichtes Randphänomen gewesen war. Die Kriminalität steigerte sich von Tag zu Tag, und die Bürger bangten um ihre Sicherheit. Die ominöse „führende Rolle" der KPdSU gehörte längst der Vergangenheit an, sie wurde auch aus der Verfassung gestrichen. Es entstanden zahlreiche Parteien und eine starke Opposition im Kongress der Volksdeputierten. Daraus ergab sich kein stabiles parlamentarisches System, sondern vielmehr etwas wie eine Doppelherrschaft, ein öffentlich ausgetragener Konflikt zwischen Gorbatschow und seinem populären Gegenspieler Boris Jelzin. Jelzins Ehrgeiz richtete sich bereits 1990 darauf, russischer Staatschef zu werden. Der historische Augenblick war geschickt gewählt: Seit 1988 erklärten Dutzende von ehemaligen Sowjet- und Autonomen Republiken von Estland über Georgien bis nach Tatarstan ihre Souveränität, ohne den Kreml um Erlaubnis zu fragen. Nun erklärte die Opposition im Juni 1990 die Souveränität der Russischen Sozialistischen Föderativen Sowjetrepublik. Dadurch entstand ein neues Land, dessen Territorium geografisch zu großen Teilen identisch mit dem Staat UdSSR war, ebenfalls mit Moskau als Hauptstadt – insgesamt völkerrechtlicher Nonsens. Es war absehbar, dass der künftige Präsident dieser Republik kein anderer als Boris Jelzin sein würde.

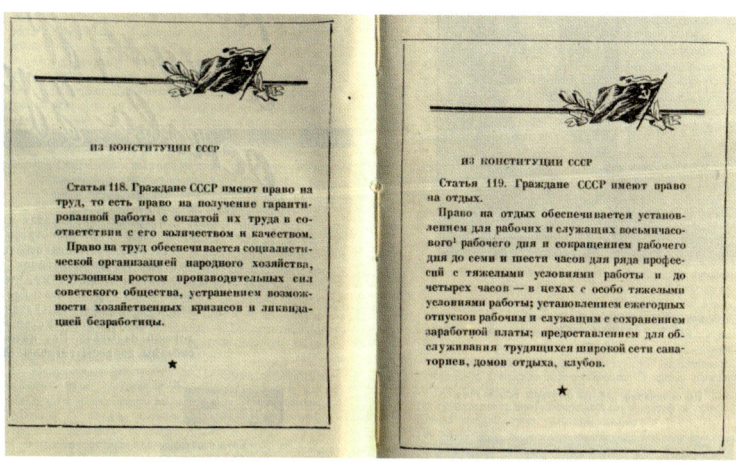

Wikipedia

Auszug aus der Verfassung von 1936.

Erste Risse

Alle drei Varianten der sowjetischen Verfassung (1924, 1936 und 1977) garantierten den Republiken das Recht, aus der Union frei auszutreten. Die Modalitäten eines derartigen Schrittes blieben jedoch ungeregelt – keinem Teilstaat hätte man den Mut zugetraut, eine Sezession vorzuschlagen. Die jeweilige Führung der KPdSU disponierte souverän über die Millionen Quadratkilometer des Riesenreichs. So ließ Stalin 1940 angesichts des Winterkriegs gegen Finnland eine „Karelisch-Finnische Sowjetrepublik" konstituieren, die später Nikita Chruschtschow, offensichtlich wegen mangelnder finnischer Bevölkerung, zur Autonomen Republik herabstufen ließ. Chruschtschow war es auch, der 1954 in einem Moment kapriziöser Großzügigkeit die Halbinsel Krim an die Ukrainische Sowjetrepublik verschenkte, wohl kaum vorausahnend, welche Katastrophe diese Geste 60 Jahre später auslösen würde. Insgesamt hatten die ersten nationalen Konflikte der Ära Gorbatschow keineswegs eine Trennung von der Sowjetunion zum Ziel. Im Dezember 1986 brachen in Alma-Ata Massenproteste aus, als Moskau den korrupten kasachischen Parteichef Kunajew ablöste und statt seiner den Russen Genadij Wassiljewitsch Kolbin ernannte, einen Vertrauten Gorbatschows. Die dreitägigen Unruhen wurden

Wikipedia/Mheidegger

Denkmal für die Ereignisse vom Dezember 1986 in Alma Ata heute Almaty.

Wikipedia/Oleg Litvin

Aserbaidschanische Flüchtlinge aus Berg-Karabach 1993.

durch Spezialeinheiten des KGB unterdrückt – das tragische Ergebnis waren drei Tote und 1137 Verletzte. 2000 Teilnehmer der Proteste wurden verhaftet. Es wurden teilweise schwere Urteile gefällt, die auch sehr jungen Leute betrafen – etwa 20 Jahre Gefängnis wegen Unruhestiftung.

Anders als zahlreiche frühere ethnische Kollisionen in verschiedenen Gebieten des Landes konnten die Vorfälle von Kasachstan wegen der beginnenden „Glasnost'" (Lockerung der Zensur) nicht mehr totgeschwiegen werden. Ebenso war es mit der im Sommer 1987 beginnenden offenen Auseinandersetzung zwischen Aserbaidschan und Armenien um die Autonome Region Berg-Karabach. Die beiden nach offizieller Lesart „verbrüderten" Sowjetrepubliken baten zunächst Gorbatschow um Vermittlung, dann jedoch erklärten sie einander offene Feindschaft. Pogrome im armenischen Viertel von Sumgait, Tote und Verletzte, eine Massenflucht von Armeniern

Moskau, 23. August 1991: Präsident der UDSSR Michail Sergejewitsch Gorbatschow bei einer außerordentlichen Sitzung des Obersten Sowjets der Volksdeputierten der UDSSR.

aus Aserbaidschan und von Aserbaidschanern aus armenisch bewohnten Gebieten boten ein tragisches Panorama – und Berg-Karabach war nur das erste Glied einer langen Kette von gewaltsamen ethnischen Zusammenstößen im Kaukasus und in Zentralasien. Der Generalsekretär breitete die Arme aus und gab gegenüber seinem Berater zu: „Ich weiß keine Lösung".

Ohne die bleibenden Verdienste des Vaters der Perestroika um die europäische Entspannung und den Abbau der Diktaturen in Ostmitteleuropa leugnen zu wollen, müssen wir feststellen, dass er offenbar zu wenig Verständnis für die nationalen Komplexe vor allem kleiner Völker hatte. Dies zeigte sich während der zweiten Welle der Unabhängigkeitsbewegungen und führte zu tragischen Ereignissen. Gorbatschow begriff zu spät, dass die „Entlassung" des europäischen Ostblocks aus der sowjetrussischen Abhängigkeit während des Jahres 1989 ähnliche Wünsche in Sowjetrepubliken generieren würde. Jede Republik, die über eine Tradition der nationalen Souveränität verfügte, besann sich darauf. Weder die kaukasischen noch die baltischen Republiken hätten sich je freiwillig der UdSSR angeschlossen, und selbst die Ukraine und Belarus, die über wenig Erfahrungen mit der Eigenstaatlichkeit verfügten, wünschten sich Unabhängigkeit. Ihr Demokratiebegriff hing jeweils sehr eng mit nationaler Erneuerung und europäischer Orientierung zusammen. Vor allem Teile der Armeeführung und der Organe der Staatssicherheit neigten zu gewaltsamen Konfliktlösungen. KGB-Chef Krjutschkow oder Verteidigungsminister Jasow verfolgten das Ziel, durch die blutige Unterdrückung von Aufständen in Tbilissi (1989), Baku (1990) und Vilnius (1991) Gorbatschow und seine Perestroika in Misskredit zu bringen.

Das letzte Abendmahl in Nowo-Ogarewo

Gorbatschow war jedoch in der nationalen Frage nicht nur wegen mangelnder Empathie und schwacher Sachkenntnis den Betonköpfen seiner Partei ausgeliefert, sondern auch wegen des Wettlaufs mit seinem Intimfeind Jelzin. Während Jelzin mit seinem auf Russland konzentrierten Projekt Pluspunkte bei patriotisch gesinnten Mitbürgern sammelte, brauchte Gorbatschow, um seine Macht als Präsident wenigstens teilweise bewahren zu können, den Fortbestand der UdSSR, und sei es auch in verkleinerter Form. Er spürte, dass bedeutende Teile der Bevölkerung den vollständigen Zerfall des Landes ablehnten und initiierte eine Volksbefragung am 17. März 1991 zu diesem Thema. Die schlitzohrig formulierte Frage hieß: „Halten Sie die Beibehaltung der Union der Sozialistischen Sowjetrepubliken als erneuerte Föderation gleichrangiger souveräner Republiken, in der die Rechte der Menschen jeglicher Nationalität vollständig garantiert werden, für notwendig?" Die baltischen Staaten sowie Moldawien, Armenien und Georgien verweigerten die Einrichtung von entsprechenden Landeswahlbüros aufgrund ihrer bereits erklärten Souveränität. So beteiligten sich am Referendum die Bürger von neun Republiken, immerhin 148 Millionen Sowjetmenschen, von denen 76,4 Prozent für den Erhalt der Union stimmten. Dies war ein moralischer Sieg für Gorbatschow, obwohl seine Popularität angesichts der schwierigen Lage gelitten hatte.

Am selben Tag fand jedoch noch ein anderes Volksbegehren statt. Boris Jelzin befragte exklusiv die Wähler der Russischen Föderation: „Halten Sie die Einführung der Position des Präsidenten der Russischen Sozialistischen Föderativen Sowjetrepublik für notwendig, der durch direkte Abstimmung vom ganzen Volk gewählt wird?" Da er sich des

Moskau, 10. Juli 1991: Der Präsident der UdSSR Michail Gorbatschow (r.) beglückwünscht Boris Jelzin zur Wahl zum russischen Präsidenten.

eigenen Sieges bei einer russischen Präsidentschaftswahl ziemlich sicher war, bedeutete seine Version der Volksbefragung eigentlich: „Wollt ihr MICH?" Von 76 Millionen Bürgerinnen und Bürgern befürworteten 53 Millionen (69 Prozent) die russische Präsidentschaft, die er bei den Wahlen am 12. Juni 1991 auch mit 57 Prozent der Stimmen erhielt. So entstand ein heikles Gleichgewicht. Die Deklaration über den Fortbestand der Sowjetunion unter der Bezeichnung „Union Souveräner Staaten" war auch für Boris Jelzin verpflichtend, und er musste außerdem mit der hohen internationalen Akzeptanz des anderen Präsidenten rechnen. Lange noch gab es Verhandlungen über das Modell – Föderation oder Konföderation? Jelzins eindeutiges Ziel bestand darin, seinem Gegner so wenig Macht zu überlassen wie irgend möglich. Aber auch Gorbatschow gab nicht klein bei: „Ich lasse mich nicht

28. Mai 1991: Auf der Suche, das Land zusammenzuhalten reist Michail Gorbatschow nach Kasachstan. Hier mit dem Regierungschef der noch Kasachischen SSR Nursultan Nasarbajew.

zu einer englischen Königin machen!" äußerte er wiederholt gegenüber seinen Freunden. Schließlich kam unter Einbeziehung der anderen Republiken Ende Juli die Vereinbarung zustande. Es hieß, der Föderative Vertrag solle am 20. August 1991 feierlich unterzeichnet werden.

Zu diesem Anlass trafen sich Gorbatschow, Jelzin und der kasachische Staatschef Nursultan Nasarbajew am 29. Juli 1991 in der Residenz des sowjetischen Präsidenten in Nowo-Ogarewo. Sie fixierten alle Details der Unterzeichnungsprozedur und einigten sich auf personelle Veränderungen, die der Zeremonie am 20. August folgen sollten. Entlassen werden sollten KGB-Chef Krjutschkow, Verteidigungsminister Jasow und weitere hohe Funktionäre aus der Nomenklatura. Die Stimmung war gelöst, man hatte gut gegessen und viel getrunken. Trotzdem war der Abend von einer latenten Unruhe dominiert, die Jelzin schließlich auf den Punkt brachte: „Ich habe den Eindruck, Krjutschkow hört jedes unserer Worte mit." In der Tat fand man später, in der letzten Augustwoche, das Abhörprotokoll des KGB im Safe des Geheimdienstchefs, einem der Rädelsführer des zu dieser Zeit bereits geplanten Komplotts gegen den Präsidenten.

ПРЕЗИДЕНТ

Российской Советской Федеративной Социалистической Республики

УКАЗ

В связи с действиями группы лиц, объявивших себя Государственным комитетом по чрезвычайному положению, постановляю:

1. Считать объявление Комитета антиконституционным и квалифицировать действия его организаторов как государственный переворот, являющийся ничем иным как государственным преступлением.

2. Все решения, принимаемые от имени так называемого комитета по чрезвычайному положению, считать незаконными и не имеющими силы на территории РСФСР. На территории Российской Федерации действуют законноизбранная власть в лице Президента, Верховного Совета и Председателя Совета Министров, всех государственных и местных органов власти и управления РСФСР.

3. Действия должностных лиц, исполняющих решения указанного комитета, подпадают под действия уголовного кодекса РСФСР и подлежат преследованию по закону.

Настоящий Указ вводится в действие с момента его подписания.

Президент РСФСР   Б.Ельцин

Москва, Кремль

"19" августа 1991 года 12 час 10 мин

Ukas von Boris Jelzin, der das Staatskomitee für den Ausnahmezustand in der Russischen Unionsrepublik der Sowjetunion als illegal erklärt.

Putsch der Tollpatsche

Anfang August trat Gorbatschow mit Familie, seinem Hausarzt und einem Berater den alljährlichen Sommerurlaub an. Die Tage am Kap Foros auf der Halbinsel Krim nutzte er neben ausführlichen Spaziergängen und täglichem Schwimmen dazu, an seiner Festrede zur geplanten Zeremonie am 20. August, der Unterzeichnung des Bundesvertrags, „Sojuznij dogovor" zu arbeiten. Telefonisch hielt er regelmäßig Kontakt zu seinen Mitarbeitern, so auch zu KGB-Chef Krjutschkow, um über die Lage im Lande auf dem Laufenden zu bleiben. Am Vortag seiner geplanten Rückreise wurden jedoch sämtliche Telefonleitungen der Datscha gekappt. Eine Delegation aus fünf hochrangigen Funktionären erschien und forderte den Präsidenten

ullstein bild SPUTNIK 00169611

Moskau 19. August 1991.

Vor dem „Weißen Haus", dem russischen Parlament, während des Putsches, 1991.

auf, entweder den Ausnahmezustand auszurufen oder aber zugunsten seines Stellvertreters Gennadij Janajew, eines farblosen Bürokraten, abzudanken. Gorbatschow wies das Ultimatum zurück, und die Delegation flog wieder nach Moskau. Die Familie blieb in den nächsten Tagen von der Außenwelt isoliert.

Unterdessen verkündete über die Nachrichtenagentur TASS ein bisher unbekanntes „Staatliches Komitee für den Ausnahmezustand", dass der Präsident aus gesundheitlichen Gründen seine Macht nicht mehr ausüben könne und die Amtsgeschäfte von eben diesem Komitee übernommen würden. Während das zentrale Fernsehen unaufhörlich Tschajkowskijs „Schwanensee" ausstrahlte, fuhren bereits Panzer auf Moskaus Straßen. Was die logistische Seite des Staatsstreichs betraf, handelten dessen Organisatoren rational. Sie umzingelten die Hauptstadt, besetzten strategische Punkte, okkupierten die wichtigsten Medien und erzeugten zunächst Schrecken in der Bevölkerung.

Jelzin vor dem „Weißen Haus", 1991.

Politisch jedoch agierte das Komitee, eine aus Militärs, Geheimdienstlern und Parteifunktionären gebildete Junta, laienhaft und ideenlos. Dies zeigte sich bereits im Verlauf einer internationalen Pressekonferenz. Die Putschisten saßen mit sichtlich zitternden Händen, teilweise angetrunken, vor den Journalisten und konnten keine exakten Pläne vorbringen. Merkwürdigerweise war es ihrer Aufmerksamkeit entgangen, dass sie auch noch mit dem anderen Machtzentrum rechnen mussten: Schließlich agierte in Moskau nicht nur die sowjetische, sondern auch die russische Föderative Regierung. Sie hatten es außer mit einem entmachteten, isolierten Präsidenten noch mit einem in Freiheit befindlichen, hyperaktiven Staatsmann zu tun. Boris Jelzin versammelte seine Anhänger im „Weißen Haus", dem russischen Regierungssitz und hatte von Anfang an die heimliche Unterstützung der Armee und des KGB, aber, was noch wichtiger war, die Sympathie der Moskauer Bevölkerung.

22. August 1991: Michail Gorbatschow kehrt nach Moskau zurück.

Das Gebäude war von sechzigtausend Bürgern umringt. Jelzin erklärte das Komitee für illegal und forderte die Wiederherstellung verfassungsmäßiger Zustände, inklusive der Machtbefugnisse des in Foros gefangen gehaltenen Präsidenten. Unabhängig davon, wie man seine – und auch Gorbatschows – historische Rolle insgesamt einschätzt, rettete sein mutiger Auftritt in den Putschtagen Moskau von einem Massaker mit unberechenbaren Folgen. Eine Erstürmung des Weißen Hauses hätte zu einer Schlacht ohnegleichen geführt, für die jedoch keiner der Putschführer persönliche Verantwortung übernehmen wollte. Die hierzu geplante Operation mit dem stolzen Code „Donner" wurde zunächst verschoben und am dritten Tag des Staatsstreichs schließlich abgeblasen. Dies bedeutete zugleich den Zusammenbruch der Palastrevolution. Gorbatschow und seine Familie wurden noch am selben Abend aus Foros zurückgeholt, die Rädelsführer des Putsches verhaftet – zwei von ihnen, der Innenminister Boris Pugo und der Marschall Sergej Achromejew, nahmen sich das Leben.

Auflösung der Union

Obwohl das eigentliche Anliegen der Putschisten darin bestanden hatte, den Abschluss des Föderativen Vertrages zu vereiteln und die UdSSR, sei es auch mit Gewalt, in ihren früheren Grenzen wiederherzustellen, erreichten sie durch ihren Auftritt genau das Gegenteil: Sie beschleunigten den Zerfall der restlichen Union. In den darauffolgenden Wochen proklamierten weitere Republiken ihre Souveränität und den Austritt aus der formal noch existierenden UdSSR: Estland, Ukraine, Belarus, Moldawien, Kirgisien, Usbekistan, Tadschikistan und Turkmenistan. Diese lawinenartige Sezession hatte zur Folge, dass dem zurückgekehrten sowjetischen Präsidenten rein geografisch der Boden unter den Füßen schwand. Mit der Selbstauflösung des ZK der kommunistischen Partei verlor er eine weitere soziale Basis. Zudem sorgte Boris Jelzin noch in den Putschtagen dafür, sämtliche Ministerien, Armeen und den Geheimdienst KGB der russischen Jurisdiktion zu unterstellen. Außerdem kassierte er später alle sowjetischen Betriebe, Archive und Banken auf russischem Territorium. Dies konnte zu diesem Zeitpunkt als normale Schutzmaßnahme gegen den Putsch gelten. Jelzin dachte aber nicht daran, die enteigneten Institutionen an Gorbatschow zurückzugeben. Die Verfügungsgewalt des Präsidenten wurde allmählich auf das Gebiet des Kremls reduziert – er verkörperte nur noch eine Schattenmacht. Auch die wichtigste Frage wurde gänzlich ohne ihn gelöst. Anfang Dezember 1991 traf sich Boris Jelzin mit seinen Amtskollegen aus Belarus, Aserbaidschan und der Ukraine mitsamt den jeweiligen Beraterstäben im Nationalpark Belaweschje an der sowjetisch-polnischen Grenze. Das Treffen hatte eindeutig konspirativen Charakter und erbrachte ein auf einer Optima-Schreibmaschine getipptes Dokument, dessen erste

Sätze eine historische Wende markierten: „Die Union der Sozialistischen Sowjetrepubliken als Subjekt des internationalen Rechts und als geopolitische Realität stellt ihre Existenz ein. Die Hohen Vertragschließenden Seiten bilden eine Gemeinschaft Unabhängiger Staaten." Obwohl diese Staatengemeinschaft in Wirklichkeit kaum funktionierte, war ihre Gründung und spätere Bestätigung durch alle ehemaligen Sowjetrepubliken außerhalb des Baltikums von grundsätzlicher Bedeutung. Völkerrechtlich sicherte sie die Kontinuität zwischen dem Subjekt UdSSR mit dessen Nachfolgestaaten ab. Dies war notwendig, um die internationale Anerkennung der früheren Teilstaaten zu vereinfachen und die noch vorhandene umfassende Agenda des aufgelösten Gemeinwesens abzuarbeiten.

Bevor er seinen Amtssitz zugunsten des nachdrängenden Boris Jelzin räumen musste, blieb dem sowjetischen Präsidenten gerade noch genügend Zeit, um sich von seinen vertrauten internationalen Partnern – von US-Präsident George W. Bush, Bundeskanzler Helmut Kohl, Bundesaußenminister Hans-Dietrich Genscher und dem französischen Staatschef François Mitterrand – telefonisch zu verabschieden. Am 25. Dezember 1991 abends um halb acht hielt er im zentralen Fernsehen seine Abdankungsrede mit der melancholischen Äußerung: „Ich stand für den föderativen Staat, die Ganzheit des Landes. Die Ereignisse nahmen einen anderen Weg." Einige Stunden später wurde die rote Fahne mit Hammer und Sichel vom Kremlturm eingezogen und durch die russische Trikolore abgelöst.

Scheidung auf Sowjetisch

Eine der letzten Amtshandlungen Gorbatschows bestand in der Übergabe des „Atomkoffers" an seinen Nachfolger. Das beinahe mystische, immer mit Schaudern erwähnte Behältnis beherbergt das automatisierte System, dessen Code nur der jeweilige Präsident als Oberster Kommandeur der Streitkräfte freischalten darf. Im Prinzip bedeutet der Besitz dieser schwarzen Aktentasche das an die Person gebundene Recht, einen nuklearen Krieg zu entfachen. Allerdings war das bedrohliche Arsenal dezentral verortet: Interkontinentale ballistische Raketen mit atomaren Sprengköpfen waren außer in Russland auch in der Ukraine, Belarus und Kasachstan stationiert. Insgesamt verfügten diese Republiken über mehr entsprechende Waffen als Großbritannien und Frankreich zusammen. Nun einigten sich die Teilnehmer der Konferenz in Belaweschje über den Abzug dieser Technik aus den drei kleineren Sowjetrepubliken, die sich sofort auch gegenüber dem Westen als atomwaffenfrei deklarierten – immerhin kam diese Maßnahme einer Abrüstung in großem Stil gleich. Zur gemeinsamen Erbschaft gehörten sowohl die Schulden der untergehenden Supermacht als auch die aktiven Vermögenswerte im Ausland – Botschaftsgebäude, Immobilien und Investitionsgüter – und außerdem die Valutareserve, die Goldvorräte und nicht zuletzt der berühmte russische Diamantenfundus mit historischen Schätzen aus mehreren Jahrhunderten. Eine vollständige Einigung in diesen komplizierten Fragen wurde versucht, indem man den einzelnen Republiken je nach deren Beitrag zum sowjetischen Bruttoinlandsprodukt, zum internationalen Handel und zum Bevölkerungsanteil einerseits Zahlungsverpflichtungen, andererseits Teilhabe am Vermögen übereignete. Was die Auslandsschulden betraf,

Die Russische Botschaft, Unter den Linden 55–65, in Berlin.

so übernahmen die vier Verhandlungspartner in Belaweschje davon 85 Prozent, während der Rest den anderen Republiken aufgebürdet werden sollte, deren Zahlungseifer allerdings in mehr als bescheidenem Rahmen blieb. Schließlich entstand eine Art Nulllösung: Die Republiken verzichteten auf ihre Forderungen gegenüber der Russischen Föderation, während diese ihre Außenstände in Kasachstan, Moldawien und Armenien stornierte. An einem Punkt erwies sich Russland zweifellos als Gewinner: Auf internationaler Ebene gelang es ihm, sich als automatischer Nachfolger der UdSSR durchzusetzen. Der auffällige Vorteil bestand darin, dass sämtliche Auslandsvertretungen in russischem Besitz verblieben und damit weiterhin russisches Territorium bildeten. Unter ihnen befand sich der monumentale Berliner Gebäudekomplex Unter den Linden – nur der riesige Leninkopf im Garten und das ebenfalls nicht kleine Leninrelief an der Schwimmhalle in der Behrensstraße

Vertragsunterzeichnung zur Auflösung der UdSSR und Gründung der GUS (1991).

wurden taktvoll wegsaniert. Indessen mussten die frisch gebackenen postsowjetischen Staaten ihre Residenzen weltweit selber einrichten sowie die mit der völkerrechtlichen Anerkennung entstandenen neuen diplomatischen Vertretungen platzieren.

Durch den Zerfall der Union entstanden ungeahnte territoriale Probleme. Beispielsweise gehörte die Oblast Kaliningrad, das ehemalige Ostpreußen, nach wie vor zur Russischen Föderation, hatte aber nun eine Insellage zwischen Polen und Litauen und war mitsamt fast einer Million überwiegend russischer Einwohner vom „Festland" getrennt. Der Weltraumbahnhof Bajkonur lag nun auf kasachischem Staatsgebiet. Russland musste ihn, um sein kosmisches Programm fortsetzen zu können, von Kasachstan pachten. Das größte Kopfzerbrechen verursachte der veränderte Status der Halbinsel Krim, die von der unabhängigen Ukraine zur „Autonomen Republik"

Moskau, 26. Dezember 1991: Gorbatschow kurz nach seinem Rücktritt.

deklariert wurde. Gleichzeitig blieb der Hafen von Sewastopol auf der Krim – ebenfalls auf Pachtbasis – Zentrum der russischen Schwarzmeerflotte. Insgesamt lebten aufgrund der Grenzziehungen der Neunzigerjahre 25 Millionen Russen im Ausland, und ihre Einbürgerung stieß besonders im Baltikum auf bürokratische Schwierigkeiten.

Nachfolgestaaten

In der Folge weisen die ehemaligen Sowjetrepubliken jeweils eine unterschiedliche Entwicklungsgeschichte auf. Typisch für alle jedoch waren die Anfangsschwierigkeiten: eine Wiedergewinnung bzw. Schaffung einer eigenen Staatlichkeit während gleichzeitigen Zerfalls des einheitlich sowjetischen Wirtschaftsraums, also der Übergang von der Planwirtschaft zur Marktökonomie. Politisch hätte diesem Prozess eine Pluralisierung der Gesellschaft, die Etablierung von demokratischen Institutionen, die Anerkennung individueller und kollektiver Menschenrechte und bei einigen auch eine Orientierung an Europa entsprochen. Diesen Weg gingen die baltischen Republiken. Ihr Erfolg wurde durch die Aufnahme in die EU und den Beitritt zur Eurozone gekrönt. Mit diesem Akt entfernte sich das Baltikum weitgehend von der sowjetischen Vergangenheit.

Russland blieb mit seinem Territorium von 17,4 Millionen km² und 144,5 Millionen Einwohnern nach wie vor ein Vielvölkerstaat mit 21 kleineren Autonomen Republiken, von denen nur wenige (u. a. Baschkirien, Dagestan oder Tatarstan) über mehr als eine Million Einwohner verfügen. Unter den mehr als 100 Ethnien stellten die Russen 80 Prozent (in der UdSSR waren es nur 50 Prozent). Trotz dieses Übergewichts war es für die Moskauer Zentralmacht nicht einfach, alle anderen ihrer Hegemonie unterzuordnen. Die zwei Kriege gegen Tschetschenien (1994 und 1996) hatten Zehntausende von militärischen und zivilen Opfern auf beiden Seiten zur Folge. Tschetschenische Selbstmordkommandos richteten durch Geiselnahmen sogar in Moskau ein Massaker an. Wegen territorialer Streitigkeiten um Südossetien und Abchasien brach 2008 der Kaukasische Krieg aus, der fünf Tage lang andauerte und mit der Niederlage Georgiens endete. Im internationalen Vergleich ist die Russische Föderation eine

Wikipedia/Kremlin.ru/PSKOV. A

Putin bei einer militärischen Gedenkveranstaltung im Jahr 2000.

nukleare Großmacht, aber den Status der mit den USA konkurrierenden Supermacht hat sie eingebüßt und muss auf der internationalen Bühne auch mit der Konkurrenz von China und Japan sowie der Europäischen Union rechnen. Allerdings gelang es in der Ära Putin, nach den chaotischen Neunzigerjahren mit ihren Privatisierungskriegen, Inflationen und Rechtsunsicherheiten, die innere Lage des Landes zu stabilisieren und unbequeme Oligarchen einzusperren bzw. ins Exil zu zwingen. Im Ergebnis wurde ein parlamentarisch verzierter Ordnungsstaat etabliert, in dem die Machthaber die Medien dominieren, die Zivilgesellschaft in aller Regel mit Brachialmethoden offen bekämpfen und unliebsame Einzelpersonen, etwa Journalisten oder Blogger, immer wieder eliminieren lassen. Zivile Gruppen oder Medien mit ausländischen Geldquellen müssen sich öffentlich als „Agenten" bezeichnen.

Der Werdegang der beiden slawischen Kernstaaten der einstigen UdSSR gestaltete sich recht ungünstig. Die Ukraine,

30

6. April 2014 Ukraine-Konflikt, Protestversammlung in Odessa.

nach Fläche und Bevölkerungsstärke eine potenzielle regionale Mittelmacht, konnte die Neunzigerjahre kaum bewältigen. Auch der Wechsel von der Rubelzone zur eigenen Währung Hryvnja führte über eine Hyperinflation, in der das Ersatzgeld „Kupon-Karbowanietz" wie ein Symbol für die Entwertung aller Werte wirkte. Die allmähliche Verarmung des ursprünglich agrarisch erfolgreichen Landes („Kornkammer Europas") verlief parallel zur Bereicherung ehemaliger KP-Funktionäre und von Glücksrittern der Privatisierung. Weder den einander ablösenden Regierungen noch den „farbigen Revolutionen" gelang es, stabile Verhältnisse zu schaffen und die toxische Mischung aus Korruption, Clan-Kämpfen und unreflektierter Vergangenheit zu überwinden. Die Wurzel des Übels bestand nicht nur in der mangelnden Tradition der Eigenstaatlichkeit, sondern auch in dem unvollkommenen Prozess des Werdens einer neuen Nation. Zu aller Tragik mündete die große Volksbewegung Euromaidan 2014 in einen internationalen

Konflikt, der die russische Machtelite zur Besetzung der Halbinsel Krim und ostukrainischer Gebiete ermunterte. Der Zustand „weder Krieg noch Frieden" konnte seither trotz internationaler Vermittlungsversuche nicht überwunden werden.

Ebenso dramatisch verlief die nachsowjetische Geschichte in Belarus. Hier etablierte sich nach einem kurzlebigen demokratischen Aufbruch die autoritäre Herrschaft von „Europas letztem Diktator" Aljaksandr Lukaschenka. Durch wiederholte Wahlen, deren Ergebnisse von äußeren Beobachtern angezweifelt wurden, zementierte der Präsident sein autokratisches Regime, in dem es so gut wie keinen Platz für Opposition und zivile Bewegungen gab. Die Bekämpfung der Andersdenkenden hat bis heute sowjetische Formen – Bespitzelung, willkürliche Verhaftung und in Extremfällen auch das „Verschwinden" von Gegnern gehören zu den Methoden der Machterhaltung. Die Wirtschaft in Belarus zeigt staatskapitalistische Züge mit Elementen der Planökonomie. Gleichzeitig wird bis heute eine relativ erfolgreiche Sozialpolitik praktiziert, was wiederum durch die spezielle Beziehung zu Russland möglich wurde. Beide Länder sind durch einen Föderativvertrag miteinander verbunden. Sowohl in Kreisen belarussischer Hardliner als auch russischer Nationalisten wird über eine mögliche Union gesprochen. Diese Tendenz hängt auch mit der Tatsache zusammen, dass für die überwältigende Mehrheit der Bevölkerung Russisch die Hauptsprache ist. Allerdings weist vor allem die Volksbewegung gegen die massiven Wahlfälschungen vom August 2020 darauf hin, dass eine Stärkung der belarussischen nationalen Identität zunehmend Terrain gewinnt.

Wenig ermunternd verlief die Entwicklung der drei kaukasischen Republiken, obwohl auch diese auf eine kurzlebige Phase des Parlamentarismus (1918–1921) zurückblicken konnten. Die aus der Bürgerbewegung in Georgien entstandenen pluralistischen Strukturen waren nicht imstande, dem Druck der korrupten, zur Gewalt neigenden Eliten und der einander bekämpfenden Clans wirksam Widerstand zu

Protest in Minsk am Abend des 14. August 2020.

leisten. Der Diktaturversuch des ehemaligen Dissidenten Swiad Gamsachurdia löste bürgerkriegsähnliche Zustände aus, unter denen auch die nationalen Minderheiten zu leiden hatten. Die anderen beiden Staaten, Armenien und Aserbaidschan, erlebten eine historische Katastrophe: Von 1987 bis heute wüten mal mehr, mal weniger heftige Kämpfe um die armenische Exklave Berg-Karabach. Diese Konfrontation definiert auch die außenpolitische Orientierung beider Seiten: Die armenische Führung hofft bislang vergeblich auf russische Hilfe, während das autokratische dynastische Regime von Aserbaidschan sich auf Erdogans Türkei stützt, einen NATO-Staat. Es besteht durchaus die Gefahr, dass der Karabach-Konflikt zu einem lokalen Krieg eskaliert. Ehemalige zentralasiatische Sowjetrepubliken schwanken außenpolitisch zwischen Putins „Eurasien"-Vision und dem Einfluss ihrer muslimisch geprägten Nachbarstaaten, der Türkei und dem Iran, sowie reicher arabischer Länder. Das rohstoffarme, geografisch isolierte Tadschikistan sucht, um seine wirtschaftlichen Schwierigkeiten zu meistern, die Nähe zu China. Nach innen verkörpern diese Staatsbildungen eine aus der letzten KP-Generation und der technokratischen Nomenklatura gebildete nationalistische und zugleich korrupte Elite, die Präsidialdiktaturen bis hin zum offenen Einparteiensystem (Turkmenistan), mitunter versehen mit ausschweifendem Personenkult (Kasachstan) umfasst. Obwohl sich dagegen offene und mancherorts sogar erfolgreiche Proteste erheben, wie zuletzt in Kirgisistan, bietet die politische Zukunft der Region kein hoffnungsvolles Bild.

Imago 0067668827

Moskau, 15. Dezember 2015, Russlands Präsident Wladimir Putin, Russlands Außenminister Sergej Lawrow (r-l), US-Außenminister John Kerry, US-Botschafter in Russland John Tefft und Celeste A. Wallander (v. l. n. r.), Sonderassistentin des US-Präsidenten für Russland und Eurasien, während eines Treffens im Moskauer Kreml.

Zeitgenössische Reflexionen

Die Debatte über die UdSSR hört selbst 30 Jahre nach ihrem Zerfall noch nicht auf. Michail Gorbatschow vertritt bis heute die Auffassung, die Union hätte beibehalten werden können. Sein Nachfolger Boris Jelzin vertrat Gegenteiliges: „Die Sowjetunion konnte nicht weiter existieren, der Staat platzte aus allen Nähten." Der amtierende Präsident Wladimir Putin sieht in dem Zerfall der Supermacht „die größte geopolitische Katastrophe des 20. Jahrhunderts, die sich für das russische Volk als richtiges Drama erwiesen hat." Der Führer der Kommunistischen Partei der Russischen Föderation, Gennadij Sjuganow, erklärte den Kollaps des Sowjetstaates mit der „Degeneration eines bedeutenden Teils der politischen Elite", die wiederum „von ausländischen Geheimdiensten und ideologischen Zentren missbraucht wurde". Der Moskauer Patriarch Alexej II. gibt sich ehrlich ambivalent: „Obwohl ich begreife, dass der Zerfall der Sowjetunion die Folge einer totalitären Nationalpolitik war, die zudem auf einer militanten Gottlosigkeit gründete, muss ich dennoch sagen, dass die Spaltung zwischen uns für die absolute Mehrheit der Bevölkerung unverständlich und naturwidrig bleibt. Sie erstreckte sich nämlich über jedes Volk, über viele Familien, über verwandtschaftliche Beziehungen, (...) über die Herzen der Menschen."

Jenseits dieser subjektiven Reaktionen stellt sich für den Historiker die Frage, was das Verschwinden des Riesenreichs von der Landkarte für die Völker der Erde gebracht hat. Die Schaffung demokratischer Institutionen und die Sicherung bürgerlicher Grundfreiheiten sowie der Beitritt ehemaliger Ostblockländer zur EU und die deutsche Vereinigung gehörten zu den wichtigsten historischen Ereignissen seit dem Ende des Zweiten Weltkriegs. Aber dieser Prozess ist bei weitem nicht abgeschlossen und hat zudem neue, ungeahnte Probleme in den befreiten Staaten geschaffen. Vor allem aber hat das Ende der Konfrontation der Machtblöcke, das Ende des Kalten Kriegs zu keinem dauerhaften Friedenszustand in der Welt geführt. Mittlerweile warten ökologische, ökonomische und soziokulturelle Probleme gigantischen Ausmaßes dringender denn je auf Lösungsansätze.

Wikipedia/Jürg Vollmer

Newsroom der Redaktion RIA Novosti in Moskau.